BEI GRIN MACHT SICH IHR WISSEN BEZAHLT

- Wir veröffentlichen Ihre Hausarbeit,
  Bachelor- und Masterarbeit

- Ihr eigenes eBook und Buch -
  weltweit in allen wichtigen Shops

- Verdienen Sie an jedem Verkauf

Jetzt bei www.GRIN.com hochladen
und kostenlos publizieren

Bibliografische Information der Deutschen Nationalbibliothek:

Die Deutsche Bibliothek verzeichnet diese Publikation in der Deutschen National-bibliografie; detaillierte bibliografische Daten sind im Internet über http://dnb.d-nb.de/ abrufbar.

Impressum:

Copyright © 2016 GRIN Verlag, Open Publishing GmbH
Druck und Bindung: Books on Demand GmbH, Norderstedt Germany
ISBN: 9783668341630

Dieses Buch bei GRIN:

http://www.grin.com/de/e-book/344359/manipulation-durch-sprache-in-der-politi-schen-rede-des-nationalsozialismus

Sebastian Obermüller

Manipulation durch Sprache in der politischen Rede des Nationalsozialismus. Parallelen zur politischen Rede von AfD und PEGIDA

GRIN Verlag

GRIN - Your knowledge has value

Der GRIN Verlag publiziert seit 1998 wissenschaftliche Arbeiten von Studenten, Hochschullehrern und anderen Akademikern als eBook und gedrucktes Buch. Die Verlagswebsite www.grin.com ist die ideale Plattform zur Veröffentlichung von Hausarbeiten, Abschlussarbeiten, wissenschaftlichen Aufsätzen, Dissertationen und Fachbüchern.

Besuchen Sie uns im Internet:

http://www.grin.com/

http://www.facebook.com/grincom

http://www.twitter.com/grin_com

INHALT

1. Einführung in die Thematik der Arbeit 2
2. Allgemeines 4
   2.1 Definitionen der Wörter Manipulation und Sprache 4
      2.1.1   Definition des Wortes Manipulation 4
      2.1.2   Definition des Wortes Sprache 4
   2.2 Formen und Einsatzgebiete der Manipulation durch Sprache 5
   2.3 Die Funktion der politischen Rede im Nationalsozialismus 6
3. Analyse: „Die Verkündung des totalen Krieges"- Die Sportpalastrede von Joseph Goebbels am 18. Februar 1943 7
4. Manipulation durch Sprache in AfD und PEGIDA anhand von Beispielen und eventuelle Parallelen zum Nationalsozialismus 10
   4.1 Historisch geprägte Begrifflichkeiten[1] 10
   4.2 Kriegsvokabular 12
   4.3 Naturkatastrophenmetaphorik 12
   4.4 Manipulation durch Sprache in den sozialen Netzwerken 13
   4.5 Direkter Vergleich von Redeabschnitten von Björn Höcke und Dr. Joseph Goebbels ... 14
5. Abschließendes Fazit, Meinung, Appell 15
6. Literaturverzeichnis: 16
7. Anhang 17

1. EINFÜHRUNG IN DIE THEMATIK DER ARBEIT

„Diese Reden (Reden im Nationalsozialismus) [Anm. d. Verf.] bereiten weder ästhetisches noch ethisches Vergnügen, sie verzaubern nicht durch intelligent-anspielungsreiche Sprachakrobatik, sie bieten keine den Wissenshorizont bereichernden Inhalte und rufen beim heutigen Leser keine Emotionen hervor. Kurz: Die politischen Reden im NS waren erfolgreiche, aber keine guten Reden."[1]

Wieso also sollte man die Lektüre auf sich nehmen? Welchen Grund gibt es, sich mit der Thematik auseinanderzusetzen? Zum einen hilft eine hinreichende Analyse ihrer politischen Reden selbstverständlich dabei das NS- Regime zu „verstehen". Als „originäre Existenzweise des Politischen"[2] ist die politische Rede „stets Teil der politischen Kommunikation innerhalb einer politischen Ordnung"[3]. Somit kann sie Aufschluss geben über die Funktionsweisen und Wirkungen innerhalb dieser Ordnung.

Doch vor allem sollten diese Reden eine Warnung darstellen.

Ein genaues Befassen mit den Propagandamethoden des NS-Regimes, zu denen natürlich auch die rhetorischen Methoden der politischen Rede gehören und die das Fundament der folgenden Gräueltaten mitbegründeten, sollte dafür sorgen es nie wieder so weit kommen zu lassen.

„Those who cannot remember the past are condemned to repeat it."[4]

Eine Wiederholung der Geschichte muss in diesem Fall also unbedingt verhindert werden. Doch eine Betrachtung der aktuellen Entwicklungstendenzen der Politik in Europa resultiert in der Feststellung eines deutlichen Rechtsrucks, ausgelöst durch Faktoren wie die Flüchtlingskrise. Die erst 2013 gegründete rechtspopulistische Partei AfD, mit der sich im weiteren Verlauf der Arbeit noch genauer befasst wird, beispielsweise zog bei den Landtagswahlen in Sachsen-Anhalt 2016 mit 24,2% der Wählerstimmen als zweitstärkste Partei in den Landtag einBetrachtet man nun weiterhin die sprachlichen Mittel der rechtsorientierten Parteien, stößt man meiner Meinung nach vermehrt auf stark rechtspopulistische Aussagen, die manchmal sogar Parallelen zu nationalsozialistischen Ideen aufweisen und nichtsdestotrotz auf stetig wachsende Zustimmung der Bevölkerung treffen. In Bezug auf diese These werden

---

[1] Taubert, Janin: Politische Rhetorik im Nationalsozialismus- Die außen- und innenpolitische Funktion von Joseph Goebbels Sportpalastrede „Wollt ihr den totalen Krieg?", Berlin 2006, S.2
[2] Kopperschmidt, Josef: Zwischen politischer Rhetorik und rhetorischer Politik. Thematisch einleitende Bemerkungen, in: Ders. (Hrsg.): *Politik und Rhetorik: Funktionsmodelle politischer Rede.* Opladen, 1995: Westdeutscher Verlag in: Taubert, Janine: Politische Rhetorik im Nationalsozialismus, S.2
[3] Taubert, Janine: Politische Rhetorik im Nationalsozialismus, S.2
[4] Santayana, George: The Life of Reason, Volume 1, 1905

an späterer Stelle Parallelen zur Sprache des Nationalsozialismus an konkreten Beispielen von AfD und PEGIDA aufgezeigt.

Die Sprache stellt wohl eines der effektivsten Mittel zur Manipulation und Beeinflussung von Menschen dar. In der Politik wird häufig der semantische Kontext eines Wortes verschleiert um den Begriff unter der Absicht der Täuschung umzudeuten und somit den Zuhörer oder Leser zu beeinflussen und um dessen Bewusstsein zu manipulieren. Der Einsatz von Stilmitteln zu diesem Sinne und Zweck im Allgemeinen führt nur zum Erfolg, wenn er nicht bemerkt wird, weshalb man in diesem Fall von Manipulation spricht.

Zur Verdeutlichung wird Joseph Goebbels berühmte Sportpalastrede analysiert.

Vorab muss an diesem Punkt angebracht werden, dass man sich bei der wissenschaftlichen Betrachtung der Reden des Nationalsozialismus einigen Problematiken konfrontiert sieht. Ich orientiere mich hierbei an Janin Taubert.[1]

Meist steht die Frage nach der Wirkung einer Rede im Fokus der Forschung, dieser Forschung liegt die sogenannte Manipulationsthese zugrunde („Macht des Wortes"). Oft werden Kontext und sogar Inhalt der Reden vernachlässigt, viele Studien gehen implizit von der Prämisse aus, dass alleine die sprachlichen Methoden über die Wirkungsweise und Überzeugungskraft einer Rede entscheiden.

Dem ist meiner Meinung nach nicht so. Da das Ziel dieser Arbeit aber die Auseinandersetzung mit der Manipulation durch Sprache in der politischen Rede ist, werde ich fast ausschließlich auf die sprachlichen Methoden eingehen.

---

[1]Taubert, Janin: Politische Rhetorik im Nationalsozialismus- Die außen- und innenpolitische Funktion von Joseph Goebbels Sportpalastrede „Wollt ihr den totalen Krieg?", Berlin 2006

2. ALLGEMEINES

2.1 DEFINITIONEN DER WÖRTER MANIPULATION UND SPRACHE

2.1.1 Definition des Wortes Manipulation

„Manipulation (lateinisch manus: Hand), nicht klar definierter Begriff für das „Handhaben", d.

h. im übertragenen Sinn das Beeinflussen von Geschehnissen oder Zusammenhängen. Die

Psychologie befasst sich in diesem Sinne vor allem mit den Mechanismen der Manipulation

anderer Menschen zur Erreichung eigener Zwecke und Ziele mit Hilfe von Desinformation,

Übertreibung und Suggestion. In der Sozialpsychologie wird der Begriff zumeist zur

Kennzeichnung bestimmter Strategien und Machenschaften zur Beeinflussung der allgemeinen

öffentlichen Meinung beispielsweise durch die Werbeindustrie, die Massenmedien sowie

politische Parteien gebraucht. Gegenwärtig gewinnt auch die kriminelle Manipulation von

Informationen im Internet an Bedeutung. (...)" [1]

2.1.2 Definition des Wortes Sprache

„Sprache, Ausdruck und Darstellung von Gedanken, Gefühlen, Willensregungen durch Zeichen

(Zeichensprache), Gebärden (Gebärdensprache), besonders durch Laute. Die Lautsprache ist

die vollendetste aller Formen menschlicher Kommunikation.

Natürliche Sprachen (historisch gewachsene Sprachen wie Deutsch, Englisch) sind Ausdruck

menschlichen Denkens, Fühlens und Wollens. Künstl. [sic!] Sprachen (Welthilfssprachen) sind

Vereinfachungen von Sprachen zur Erleichterung der internationalen sprachlichen

Verständigung. Die auch zu den künstlichen Sprachen gehörenden formalisierten Sprachen

sollen für exakt definierte Zwecke Aussagen präzisieren und Missverständnisse und

Mehrdeutigkeiten ausschalten, (...). Die Gesamtheit der einer Menschengruppe gemeinsamen

sprachlichen Möglichkeiten heißt Sprachbesitz (Muttersprache). Eine Menschengruppe mit

wesentlich gleichem Sprachbesitz heißt Sprachgemeinschaft. Sie ist vielfach gegliedert, u. a.

nach Mundarten, Dialekten oder Berufsgruppen. Diesen Besonderheiten steht die

Gemeinsprache als gemeinsames Kommunikationsmittel gegenüber. Nach dem Zweck des

Sprechens unterscheidet man die situationsgebundene Umgangssprache des täglichen Lebens

von der Hochsprache (Standardsprache) der Literatur, der Wissenschaft, der Verwaltung, der

feierlichen Rede." [2]

---

[1] Microsoft Encarta Enzyklopädie 2002 in Muders, Katharina: Manipulation durch Sprache insbesondere am Beispiel politischer Rede. Düsseldorf 2007, S.4
[2] Bibliographisches Institut F. A. Brockhaus AG, Mannheim in Muders, Katharina: Manipulation durch Sprache insbesondere am Beispiel politischer Rede. Düsseldorf 2007, S.4f.

2.2 FORMEN UND EINSATZGEBIETE DER MANIPULATION DURCH SPRACHE

Im Folgenden orientiere ich mich teilweise an Muders, Katharina: Manipulation durch Sprache insbesondere am Beispiel politischer Rede. Düsseldorf 2007.

Die Wahrnehmung von Sinneseindrücken unterscheidet sich von Mensch zu Mensch. Als Instrument zum Ausdruck besagter Wahrnehmungen dient die Sprachkompetenz, etwa durch Belegung diverser Gegenstände, Emotionen, Geschehnisse etc. mit Worten und Namen. Dies sorgt dafür, dass jene greif- und erfassbar gemacht werden.

Zur Prophylaxe eines gegenteiligen Resultats des Beabsichtigten ist die jeweilige Wortwahl essentiell.

Ist die Wortwahl allerdings darauf ausgerichtet Menschen von etwas zu überzeugen, was nicht ihren Werten oder Ansichten entspricht, so bezeichnet man dies als Manipulation. Diese unterteilt sich in verschiedene Formen, die jedoch alle darauf abzielen das Bewusstsein des Zuhörers oder Gesprächspartners zu beeinflussen.

Betrachtet man den Alltag, werden viele Begriffe durch Metonymien verschönert und entfalten somit eine manipulative Wirkung. Einige Beispiele:

· Müllkippe- Entsorgungspark (Park assoziiert positive Emotionen, die eigentlich in direktem Widerspruch zum Begriff des Mülls stehen)

· Arbeiter entlassen/ feuern- Arbeitskräfte freisetzen (Freiheit)

· Kriegsminister- Verteidigungsminister (Bezug auf das Grundrecht der Verteidigung)

Manipulation ist bei den meisten Menschen mit klar negativer Konnotation behaftet, wobei es hier zu differenzieren und nicht zu verallgemeinern gilt, wie unter anderem oben genannte Beispiele zeigen.

Nichtsdestotrotz lässt sich feststellen, dass sie die heutige Kommunikation, vor allem in den Medien dominiert. Am Beispiel des Bereichs der Werbung soll sie zum Kauf anregen und somit zu einer Verkaufs- und Umsatzsteigerung durch den Umworbenen führen. Hierbei wird eine simple Methode angewandt, nur die positiven Aspekte werden betont und angesprochen, negative Seiten des Produkts existieren scheinbar nicht. Es kann sich daraus resultierend um Unwahrheiten handeln, wesentliche Punkte können unter Umständen ausgelassen werden. Die Beeinflussung geschieht in diesem konkreten Fall also durch Auslassung.

Eine weitere, extreme Form der Manipulation ist die Propaganda, die in dieser Arbeit noch behandelt wird.[1]

---

[1]vgl. Muders, Katharina: Manipulation durch Sprache insbesondere am Beispiel politischer Rede. Düsseldorf 2007, S.5f.

2.3 DIE FUNKTION DER POLITISCHEN REDE IM NATIONALSOZIALISMUS

Die Funktion der politischen Rede im Nationalsozialismus lässt sich im Wesentlichen in vier Ansätze aufteilen. Ich halte mich im Folgenden teilweise erneut eng an Janin Taubert, die ihre Ausführungen wiederum auf Ralf Sluzalek, Johann Volmert und Detlef Grieswelle aufbaut.

Als erste Funktion wird die emotionale Überwältigung des Auditoriums genannt. Mittels dieser sollen Ideologien und Ansichten aufgezwungen werden. So äußert Adolf Hitler in seinem Werk *Mein Kampf*, die Rede diene der „Beeinträchtigung [...] der Willensfreiheit des Menschen"[1], die durch den „Appell an diese geheimnisvollen Kräfte [Gefühle]"[2] nicht den Verstand, sondern das „Herz des Volkes"[3] gewinnen solle. Im Sinne der rhetorischen Affektenlehre sollen also Ethos und Pathos als Instrumente zur Emotionsevokation benutzt werden um die rationale Denkfähigkeit zu vermindern.

Die zweite Funktion stellt die Legitimierung von Herrschaft dar. Da sich ein Herrschaftsanspruch laut Grieswelle nicht aufgrund eines Amtes, sondern vielmehr aufgrund persönlicher Qualitäten und Alleinstellungsmerkmale rechtfertigen lasse, zielt die Rhetorik in der politischen Rede darauf ab eben jene Attribute zum Ausdruck zu bringen und hervorzuheben um somit eine Herrschaft zu legitimieren.[4] Diese Legitimierung wird insofern unterstützt, da „das Auditorium während des Redeaktes zum freiwilligen und gläubigen Helfer des Systems stilisiert wird."[5]

Die dritte Funktion zielt auf die Harmonisierung objektiv bestehender sozialer und ethischer Widersprüche. Zum einen sollen hier bereits bestehende Problematiken wie die Schere zwischen Arm und Reich durch scheinbar essentiellere, wichtigere, bedeutendere Konflikte wie beispielsweise den Differenzen zwischen der deutschen Herrenrasse und den niederen Rassen verdrängt werden (Rassenkampf statt Klassenkampf). Zum anderen soll durch die Rhetorik ein Szenario, eine Welt konstruiert werden, in der der Widerspruch zwischen der eigenen, anscheinenden moralischen Anständigkeit und dem tatsächlichen Handeln, d.h. dem Mitwirken an den Gräueltaten des NS- Regimes, vereinbar ist.

Die vierte Funktion wird in der Erzeugung von Massen gesehen. Es soll also eine „Volksgemeinschaft", bzw. eine kollektive Gefolgschaft konstituiert werden. Das Auditorium wird durch das gezielte Ansprechen unterbewusster Wünsche und Fantasien, sowie das Integrieren der politischen Rede in passende Massenveranstaltungen zu einer gehorsamen Einheit zusammengefügt.

[1]Hitler, Adolf: Mein Kampf. Zwei Bände in einem Buch. Ungekürzte Ausgabe. München, 1933. S.531 in: Taubert, Janin: Politische Rhetorik im Nationalsozialismus
[2]ebd., S. 527
[3]ebd., S. 534
[4]vgl. Grieswelle, Detlef: Politische Rhetorik: Macht der Rede, öffentliche Legitimation, Stiftung von Konsens. Wiesbaden, 2000. Deutscher Universitätsverlag. S. 94-120 in: Taubert, Janin: Politische Rhetorik im Nationalsozialismus, S. 6
[5]Sluzalek, Ralf: Die Funktion der Rede im Faschismus. Oldenburg, 1987. S. 49-50 in: Taubert, Janin: Politische Rhetorik Im Nationalsozialismus. S. 6

3. ANALYSE: „DIE VERKÜNDUNG DES TOTALEN KRIEGES"- DIE SPORTPALASTREDE VON JOSEPH GOEBBELS AM 18. FEBRUAR 1943

Dr. Joseph Goebbels (1897-1945) gehörte dem NS- Regime an, bekleidete seit 1933 das Amt des Ministers für Volksaufklärung und Propaganda und war ein wichtiger Vertrauter Adolf Hitlers. Er war zudem promovierter Germanist.

Nachdem in der berühmten Schlacht von Stalingrad im Herbst 1942 fast 700 000 Menschen auf beiden Seiten ihr Leben verloren hatten, die sechste deutsche Armee kapituliert hatte und die erste große Niederlage Adolf Hitlers besiegelt worden war, sah sich das deutsche Volk mit einer Kehrtwende des Krieges konfrontiert. Die Illusion einer deutschen Unbesiegbarkeit verschwand, die Bevölkerung wurde sich der eigenen Verwundbarkeit bewusst. Viele zweifelten einen Kriegserfolg an, was für Hitler einen deutlichen Vertrauensverlust bedeutete. Es fehlten sowohl Soldaten an der Front, als auch Arbeiter im eigenen Land. Der Führer wollte leere Arbeitsstellen mit Frauen besetzen.

Vor diesem historischen Hintergrund war es Joseph Goebbels Aufgabe und Intention in einer seiner bedeutendsten Reden im Berliner Sportpalast am 18.2.1943 Licht in die scheinbare Aussichtslosigkeit der Situation zu bringen. Das oberste Ziel stellte die Überwindung des Stimmungstiefs, sowie die Stärkung des Kriegswillens auf Seiten des Volkes, sowie die Wiederherstellung des Vertrauens in die nationalsozialistische Führung dar.

„An diesem 18. Februar 1943 kommt es zu einer Séance nie gekannter Art. Der Minister für Volksaufklärung und Propaganda hat als Auftrittsort den Berliner Sportpalast gewählt, die Arena seiner schon frühen Hetzerfolge. An die 15 000 Besucher sind da, handverlesen, Parteigenossen, Schauspieler, Fronturlauber mit schweren Verletzungen, Krankenschwestern."[1]

Die Übertragung der Rede Goebbels wird von ständigem Applaus und Beifall der parteinahen Zuschauer begleitet. „Bravo!", „Jawohl!", „Sieg Heil!", „Führer befiehl, wir folgen!".[2] Zählt man die Zurufe und Slogans, die die Rede unterbrechen und begleiten, so kommt man schlussendlich auf über 200, die Euphorie führt zu teilweise ununterbrochenem Beifall nach jedem einzelnen Satz des Propagandaministers. Im Folgenden soll nun der letzte Teil der Rede analysiert werden, der den Hauptteil seiner Rede darstellt und eine Akkumulation an sprachlichen Mitteln zur Manipulation aufweist.[3] Ich orientiere mich in meinen folgenden Ausführungen erneut an Katharina Muders. Joseph Goebbels stellt dem Auditorium in diesem Abschnitt 10 direkte Fragen, in welchen ich eine Anspielung auf die 10 Gebote sehe. Es wird keine konkrete Zustimmung, sondern vielmehr Zustimmungsbekundung erwartet, es handelt sich also um Suggestivfragen.

[1]Bönisch, Georg: Das böse Genie. In DER SPIEGEL, 22.11.2010
[2]Tonaufnahme
[3]vgl. Anhang: „Verkündung des totalen Krieges" durch Joseph Goebbels am 18. Februar 1943

Die verhältnismäßig hohe Anzahl an Fragen bewirkt parallel eine Steigerung der Euphorie, sowie der Zustimmung. Aus der Euphorie resultiert gleichzeitig eine Verminderung des kritischen Denkens seiner Zuhörer.

Ein essentielles Stilmittel Goebbels stellt die direkte Anrede an die Zuhörerschaft dar. Er beginnt die meisten seiner Fragen mit der Anrede „Ich frage euch…". Mit den Pronomen „Ihr" und „euch" versucht Goebbels die Rede auf eine persönliche Ebene zu heben und eine Verbindung zum Volk herzustellen. Dadurch wird dem Publikum eine Zusammengehörigkeit mit der Regierung, ein Mitspracherecht, Vertrautheit und das Recht zur freien Entscheidung suggeriert.

Zudem nimmt Goebbels häufig Bezug auf Antiautoritäten. Den ersten fünf Fragen lässt er scheinbare Aussagen der Engländer-einer der Hauptkriegsgegner der Deutschen- vorhergehen. Diese widerlegt er dann in der darauffolgenden Frage wieder, indem er beispielsweise die Stärke des deutschen Volkes hervorhebt und gleichzeitig den Hass auf den Feind schürt.

Die 10 Fragen weisen allgemein eine Klimax- Struktur auf. Im Verlauf der Rede werden die Forderungen an das Volk, die Entbehrungen und Belastungen bedeuten, immer weiter intensiviert und gesteigert. „Die erste und zweite Frage bezieht sich darauf, ob die Deutschen an den endgültigen Sieg des deutschen Volkes glauben. Dieser Frage können die Zuhörer einfach zustimmen, ohne dass ihnen daraus eine negative Folge erwächst. In der dritten Frage erkennt man bereits eine Intensivierung: Goebbels fragt, ob das Volk entschlossen ist, bis zu sechszehn Stunden am Tag zu arbeiten. Er verwendet die Technik der Steigerung indem er die Zahlenfolge „zehn, zwölf (…) vierzehn und sechszehn…" verwendet und parallel zu der Klimax der Zahlen auch eine natürliche und logische Steigerung der Belastungen nennt."[1] Er erreicht nun einen Abschnitt seiner Rede, in der er Forderungen, die die Deutschen persönlich betreffen und deutliche Entbehrungen mit sich ziehen, stellt.

Bei Frage 4 fällt zum ersten Mal in betrachteter Passage der Begriff „totaler Krieg" in Kombination mit den beiden Komparativen „totaler" und „radikaler". Diese Technik intensiviert Goebbels in der darauffolgenden Frage noch, indem er mit „größer", „unerschütterlicher und „gläubiger" erneut Komparative einsetzt, die er in Bezug zu dem Vertrauen in Adolf Hitler setzt. Auch allgemein betrachtet arbeitet er viel mit Gigantomanie, Komparativen und Superlativen, wie beispielsweise „endgültiger, totaler Sieg", „schwerste, persönliche Belastung", „das Letzte hergeben", „totaler und radikaler als wir uns vorstellen können", „größer, gläubiger, unerschütterlicher denn je".[2]

In Bezug auf die 7. Frage wird der Begriff „heiliger Eid" verwendet, der zum einen eine religiöse Komponente beinhaltet und somit auf den Glauben und die Bibel anspielt, der das Volk zum anderen aber durch die Leistung des Eides in die Pflicht nimmt. Wie bereits mehrmals zuvor, verlangt er in der neunten Frage die Zustimmung zu extremen und radikalen Vorgehensweisen. In die Formulierung „sich am Krieg vergehen" baut, beziehungsweise versteckt Goebbels einen Euphemismus. Der Ausdruck „sich an etwas vergehen" kann nämlich eigentlich nur auf einen Begriff mit positiver Konnotation angewendet werden. So vergeht man sich beispielsweise an einem Kind, an Menschenrechten, an der Zivilbevölkerung, et cetera. Der Krieg wird somit also positiviert und als schützens- und erhaltenswert dargestellt. Auch der Zeitpunkt der sehr extremen neunten Frage innerhalb der Rede ist gewollt und durchdacht. Hätte das Auditorium zu Beginn aufgrund der Radikalität wohl noch skeptisch oder sogar schockiert reagiert, stößt Goebbels am Ende, resultierend aus der Vorbereitung durch die vorhergehenden Fragen und die dadurch entstandene Euphorie der Zuhörer auf vollkommene Akzeptanz und Zustimmung. Eine Reflektion der eventuellen Folgen fand nicht statt, Kritik war in dieser Situation nicht vorstellbar. Letzten Endes bestärkt er das Volk erneut in dem Glauben, frei gehandelt und entschieden zu haben.

Auch eine allgemeine Betrachtung der Rhetorik des Nationalsozialismus führt zu einigen Stilmitteln, die häufig angewendet und im Folgenden kurz aufgeführt werden.

· Hyperbel

· Neologismus

· Euphemismus

· Anapher

· Metapher

· Gigantomanie und die Verwendung von Superlativen

· Symbol

· Ellipse

· Schwarz-Weiß-Malerei

4. MANIPULATION DURCH SPRACHE IN AFD UND PEGIDA ANHAND VON BEISPIELEN UND EVENTUELLE PARALLELEN ZUM NATIONALSOZIALISMUS

4.1 HISTORISCH GEPRÄGTE BEGRIFFLICHKEITEN[1]

Vor dem Hintergrund der Feierlichkeiten zum Tag der Deutschen Einheit in Dresden 2016, zu denen auch Bundeskanzlerin Angela Merkel und Bundespräsident Joachim Gauck angereist waren, kam es zu einem Aufmarsch mehrerer tausend rechtsorientierter Demonstranten, darunter vor allem Anhänger der AfD und PEGIDA. Der Protest resultierte in einer Pöbelei und führte zu einem großen Echo in den Medien und der Politik. Viele sahen im Verhalten der Demonstranten eine Parallele zur Weimarer Republik und der Zeit vor der Machtübernahme der Nationalsozialisten.

> „Wörter können Angst machen, jedenfalls manche Wörter. Zum Beispiel „Volksverräter":
> Aus vielen Hundert, vielleicht sogar einigen Tausend Kehlen schlug am Tag der Deutschen
> Einheit in Dresden den versammelten Repräsentanten der Politik diese Schmähung
> entgegen."[2]

Am konkreten Beispiel des Begriffs des **Volksverräters** kann eine direkte Parallele zu Adolf Hitler und dem Nationalsozialismus gezogen werden, denn genau in dieser Zeit wurde er geprägt. Er fiel bei Anhängern der Alternative für Deutschland und den Patriotischen Europäern gegen die Islamisierung des Abendlandes schon häufiger, der Protest in Dresden stellt allerdings das extremste, deutlichste und aktuellste Beispiel dar.

Volksverrat fand zum ersten Mal Verwendung als Strafbestand in der Zeit des Nationalsozialismus und stellt einen Bezug zum Völkisch-Nationalen her, zuvor wurde der Ausdruck Landesverrat benutzt. Adolf Hitler verwendete die Begrifflichkeit des Volksverräters häufig, unter anderem in seiner Hetzschrift „mein Kampf", zudem waren verwandte Wörter wie „Volksverderber" oder „Volksvergifter" Bestandteile seines Vokabulars.

Bezogen auf die derzeitige Verwendung des Begriffs, soll er vor allem Politiker der Regierung und der sogenannten Altparteien kritisieren.

Allgemein soll durch den Zusatz des Volksbegriffes (Volkssouveränität, Volksherrschaft, Volksinitiative, etc.) eine homogene Einheit gegen das Establishment, gegen die gesellschaftliche Elite und die Politik gebildet werden.

Eine weitere Bezeichnung, die prägend ist für die AfD, PEGIDA und ihre Anhänger und die auch bei der Demonstration in Dresden am 3.10.2016 oft zu hören war ist **„Lügenpresse"**. Ähnlich wie zu

---

[1] vgl. Kellerhoff, Sven Felix: Die Dresdner Pöbelei steht in direkter Nazi-Tradition.
https://www.welt.de/geschichte/article158546407/Die-Dresdner-Poebelei-steht-in-direkter-Nazi-Tradition.html. . 04.10.2016. Abrufdatum:9.10.2016
[2] Kellerhoff, Sven Felix: Die Dresdner Pöbelei steht in direkter Nazi-Tradition

Zeiten des NS-Regimes verlieren auch aktuell mehr und mehr Menschen das Vertrauen in die professionellen, seriösen Medien. Früher bezeichneten Joseph Goebbels und andere Parteiangehörige der NSDAP die Medienorgane, die nicht parteinah waren, als Asphalt- oder Judenpresse. Alternativen für die demokratischen Zeitungs-, Fernseh- und Rundfunkanstalten waren damals rechtsradikale Zeitungen wie „Der völkische Beobachter" oder „Der Angriff", bei denen faktenorientierte Wissensvermittlung keine Rolle spielten und die offen ihre Ideologie verbreiteten und Propaganda betrieben. Auch heute werden mit dem Begriff Lügenpresse noch Medien aller Art verunglimpft, die nach Meinung der Kritiker zu wenig Plattform für patriotisches, völkisches Gedankengut bieten, beziehungsweise allgemein kritisch eingestellt gegenüber rechtspopulistischen Ansichten sind. Frauke Petry, Parteisprecherin der AfD, richtete sich in Anspielung auf den Begriff der Lügenpresse mit den Worten „Liebe Vertreter der Pinocchio-Presse" an anwesende Journalisten im Rahmen eines Parteitags. Im Gegensatz zur Weimarer Republik, der DDR oder dem Dritten Reich begrenzen sich die Alternativen zur Lügenpresse für Rechtsorientierte heutzutage nicht auf die klassischen Printmedien, sondern finden sich vielmehr im Internet. Vor allem über soziale Medien wie Facebook, Twitter oder Youtube und Blogs werden teils diffuse, realitätsferne Verschwörungstheorien, Gerüchte, Lügen und Scheinfakten verbreitet. Trotz fehlender Glaubwürdigkeit schenken viele Anhänger von AfD und PEGIDA diesen Quellen mehr Vertrauen als den seriösen, demokratischen Medien.

Der im Namen von PEGIDA steckende Begriff **„Abendland"** besitzt ebenfalls eine historische Prägung. Ich orientiere mich in meinen folgenden Ausführungen an der Definition der „Gesellschaft für deutsche Sprache". Im 16. Jahrhundert war Abendland noch ein rein geografischer Gegensatz zum östlichen Morgenland. In der Bedeutungsbeschreibung des Grimm'schen Wörterbuch lässt sich kein Bezug zu einer bestimmten Herkunft, Religion oder Kultur feststellen. Seine ideologische Besetzung und Popularität erlangte der Ausdruck erst durch das Hauptwerk des Geschichtsphilosophen Oswald Spengler, „Der Untergang des Abendlandes" von 1922. Spengler bezeichnet in seinem Werk die freiheitliche Demokratie quasi als ein Stadium auf dem Weg zum unausweichlichen Niedergang einer Kultur, der Begriff Abendland erhält klar antidemokratische Züge. Im nationalkonservativen, rechtspopulistischen Diskurs der AfD und vor allem von PEGIDA wird behauptet, das teilweise als „christlich" oder „jüdisch-christlich" attribuierte Abendland müsse gegen eine angeblich drohende Islamisierung, vor allem durch die Flüchtlingskrise verteidigt werden.

Überfremdung wurde 1929 in den Duden aufgenommen, 1932 wurde es zum Unwort des Jahres gewählt. 1933 sprach Joseph Goebbels von einer „Überfremdung des deutschen Geisteslebens durch das Judentum". Auch hier ist der Begriff also historisch und ideologisch besetzt und vom Nationalsozialismus geprägt, wird heutzutage allerdings in Bezug auf andere Gruppen wie Sinti und Roma und vor allem gegen Flüchtlinge und Immigranten muslimischen Glaubens verwendet.

Eine bei Demonstranten der AfD Und PEGIDA sehr beliebte Parole ist **„Wir sind das Volk!"**. 1989 ursprünglich bei den Montagsdemonstrationen in der DDR als Sprechgesang verwendet, richtet sich der Ausruf neben Parolen wie „Ausländer raus" in den Protesten der Rechtspopulisten heute gegen Immigranten und Flüchtlinge.

4.2 KRIEGSVOKABULAR

"Die Verteidigung der deutschen Grenze mit Waffengewalt als Ultima Ratio ist eine Selbstverständlichkeit"[1]
„Die Deutschen müssen wieder eine Tatsache der Weltgeschichte akzeptieren lernen, die Bismarck in die berühmten Worte fasste: Nicht durch Reden werden die großen Fragen der Zeit entschieden, sondern durch Eisen und Blut".[2]

Diese ausgewählten Zitate zeigen einen Hang der AfD-Parteispitze zur Kriegsmetaphorik. Verwendete Begriffe wie „Flüchtlingsansturm" „Flüchtlingsinvasion" thematisieren die Flüchtlingskrise ebenfalls anhand von metaphorischen Ausdrücken aus dem Krieg. *„Der semantische Bereich des Krieges gilt als ein ausgesprochen vitaler und produktiver Metaphernlieferant, für den sich insbesondere das Gebiet der Politik empfänglich zeigt."*[3] Den Krieg als Metapher in Verbindung mit Flüchtlingen zu bringen, dient in erster Linie und allgemein gefasst dem Schüren von negativen Konnotationen und Ängsten den Flüchtlingen gegenüber.

4.3 NATURKATASTROPHENMETAPHORIK

Ähnlich wie mit der Kriegsmetaphorik verhält es sich auch mit der Naturkatastrophenmetaphorik.

Begriffe wie „Flüchtlingswelle", „Flüchtlingsstrom", „Flüchtlingslawine", etc. assoziieren negative Gefühle, die der Mensch mit Naturkatastrophen in Verbindung bringt. Die Begrifflichkeiten vermitteln beispielsweise eine gewisse Unkontrollierbarkeit der Thematik, eine chaotische und unberechenbare Gefahr, die negative Konsequenzen mit sich zieht. Auch hiermit wird also wieder die Angst vor Flüchtlingen geschürt.

---

[1]Zitat von Pretzell, Marcus in: AfD- Politiker will Flüchtlinge notfalls mit Schüssen abhalten. http://www.zeit.de/politik/deutschland/2015-11/afd-fluechtlingskrise-schusswaffen Abrufdatum: 3.11.2016
[2]Zitat von Gauland, Alexander in: Zitate von Petry, Gauland und Storch. Das sind die skurrilsten Thesen der AfD- Politiker. http://www.focus.de/politik/videos/erfolgreich-aber-merkwuerdig-das-sind-die-fuenf-skurrilsten-thesen-der-afd-politiker_id_4140720.html Abrufdatum: 3.11.2016
[3] Harms, Lisa-Malin: Metaphern im Sprachenkontrast, Kriegsmetaphorik in der politischen Berichterstattung deutscher und französischer Tageszeitungen. Bochum, 2009

4.4 MANIPULATION DURCH SPRACHE IN DEN SOZIALEN NETZWERKEN

Der Erfolg der AfD, bzw. PEGIDA in den sozialen Netzwerken (vor allem Facebook und Twitter) ist enorm. Fast 300 000 Menschen gefällt beispielsweise die Alternative für Deutschland auf Facebook. Zum Vergleich: Bei den beiden großen Volksparteien CDU und SPD sind es jeweils nicht einmal 120 000 Follower. Die offizielle AfD- Facebook Seite veröffentlicht oft Bilder in Form von Wahlplakaten. Auch hier lassen sich bereits zuvor erwähnte sprachliche Mittel zur Manipulation feststellen. Durch Übertreibungen, Vergleiche, rhetorische Fragen, Metaphern und ähnliches sollen vor allem wieder politische Gegner diffamiert, Ängste geschürt und die eigene Partei als Alternative dargestellt werden. Dabei spielt die Gestaltung der Bilder natürlich ebenfalls eine essentielle Rolle.

Beispiele:[1]

„Deutschland im Fadenkreuz des IS: Terroristen planten Anschlag in Düsseldorf"- Durch diesen Bildinhalt wird primär die Angst der Bürger vor dem Terrorismus geschürt. Sekundär wird im anhängenden Post aber zugleich die Politik der Bundesregierung verantwortlich für den Terrorismus in Deutschland gemacht und die AfD als Alternative genannt, die mit ihrer Vorgehensweise derartige Szenarien verhindern würde.

Ein weiteres Wahlplakat zeigt die Abbildung einer Bombe, welche mit „Flüchtlingspolitik" beschriftet ist. Als Bildüberschrift eine rhetorische Frage: „Wie lange kann das noch gut gehen?" Auch in diesem Beispiel wird wieder nach dem gleichen Muster vorgegangen. Die Flüchtlingspolitik der Bundesregierung wird mit dem Terrorismus quasi gleichgestellt, Angst wird verbreitet, die eigene Partei als Ausweg dargestellt. An dieser Stelle könnten noch viele weitere, ähnliche Beispiele angebracht werden, welche allerdings den Rahmen der Arbeit sprengen würden.

Einige AfD- Politiker leisteten sich zudem sprachliche Ausrutscher in den Sozialen Medien, die große Medienaufmerksamkeit mit sich zogen. Während des Amoklaufs in München am 22.7.2016 nutzte beispielsweise Pressesprecher Christian Lüth die Gräueltat zum Wahlkampf auf der Kurznachrichtenplattform Twitter: „AfD wählen! Schüsse am Olympia Einkaufszentrum: Tote in München – Polizei spricht von akuter Terrorlage".[2] Der AfD- Landesvorsitzende von Sachsen-Anhalt, Andre´ Poggenburg twitterte noch bevor die Hintergründe der Tat bekannt waren: „Merkel-Einheitspartei: danke für den Terror in Deutschland und Europa!".[3]

---

[1] vgl. offizielle Facebook Seite der Alternative für Deutschland
https://www.facebook.com/alternativefuerde/ Abrufdatum: 2.11.2016 (vgl. ebenfalls Anhang)
2 vgl. Junghort, Torsten. So instrumentalisiert die AfD die Münchner Bluttat. 23.07.2016
https://www.welt.de/politik/deutschland/article157246081/So-instrumentalisiert-die-AfD-die-Muenchner-Bluttat.html Abrufdatum: 2.11.2016
[3]ebd.

Die Intention hinter diesen Tweets ist auch hier wieder die Manipulation des potentiellen Wählers durch die bereits oben genannten sprachlichen Mittel.

Neben den offiziellen Partei Seiten, werden in den sozialen Netzwerken vermehrt auch inoffizielle Seiten gegründet, die sich allerdings direkt auf die Partei berufen, stark mit ihr sympathisieren und die Meinungen der AfD vertreten. Auffallend ist hierbei aber, dass die sprachliche Gestaltung dieser Seiten oft viel extremer ist. Offener Rassismus und Hetze ist hier keine Seltenheit.

Die Parteiführung der Alternative für Deutschland distanziert sich meistens allerdings von derartigen Aussagen und Ansichten.

4.5 Direkter Vergleich von Redeabschnitten von Björn Höcke und Dr. Joseph Goebbels

Das ARD- Magazin MONITOR stellte in einem Video Reden von Björn Hoecke in Erfurt und Magdeburg vom September/ Oktober 2015 und Joseph Goebbels Sportpalastrede und einen Ausschnitt seiner Rede vom 10.02.1933 direkt gegenüber. Ich zitiere an dieser Stelle die Aufnahmen:

„Höcke: "Ich sehe Alte und Junge, ich sehe Männer und Frauen."
Goebbels: "Die Jugend ist hier vertreten und das Greisenalter."
Höcke: "Ich sehe ein Volk, das eine Zukunft haben will. Wir sind das Volk."
Goebbels: "Was hier vor mir sitzt, ist ein Ausschnitt aus dem ganzen deutschen Volk, an der Front und in der Heimat."
Höcke: "Der Syrer, der zu uns kommt, der hat noch sein Syrien. Der Afghane, der zu uns kommt, der hat noch sein Afghanistan. Der Senegalese, der zu uns kommt, der hat noch seinen Senegal. Wenn wir unser Deutschland verloren haben, dann haben wir keine Heimat mehr."
Goebbels: "Hier ist eine Bedrohung des Reiches und des europäischen Kontinents gegeben, die alle bisherigen Gefahren des Abendlandes weit in den Schatten stellt."
Höcke: "Oh, was haben die Medien darüber hergezogen. Was bin ich mit Dreck beschmissen worden. Man verschweigt, man verfälscht, und man brandmarkt."
Goebbels: "Es wird auch der bolschewistischen Presse nicht gelingen, die Dinge ins Gegenteil umzulügen."
Höcke: "Kaum einer traut sich noch, seine Meinung frei zu äußern."
Goebbels: "So weit ist es also schon in Europa gekommen, dass man eine Gefahr nicht mehr eine Gefahr nennen darf."
Höcke: "Thüringer, Deutsche, 3000 Jahre Europa, 1000 Jahre Deutschland, ich gebe Euch nicht her."
Goebbels: "Das Abendland ist in Gefahr. Das deutsche Volk jedenfalls und seine Führung sind nicht gewillt, sich dieser Gefahr auch nur versuchsweise preiszugeben."[1]

Die vollkommene Wirkung der Gegenüberstellung entfaltet sich erst durch die Kombination der Worte mit der Vortragstechnik der beiden Redner, die teilweise deutliche Parallelen aufweist und die jeweiligen Reaktionen des Auditoriums. Auch hier sind gewisse Übereinstimmungen was Euphorie und völlige Zustimmung angeht, nicht von der Hand zu weisen.

---

[1] http://www1.wdr.de/daserste/monitor/videos/video-hoeckes-reden--goebbels-sound-100.html
Abrufdatum 2.11.2016

5. ABSCHLIEßENDES FAZIT, MEINUNG, APPELL

Wie bereits erwähnt, ist die Thematisierung und der Umgang mit dem Nationalsozialismus immer ein heikles und doch unglaublich wichtiges Thema, welches niemals in Vergessenheit geraten darf. Doch will man diesen Nationalsozialismus dann auch noch mit aktueller Politik und aktueller Sprache vergleichen, erfährt der Begriff heikel eine deutliche Steigerung. Aus diesem Grund distanziere ich mich an dieser Stelle im Großen und Ganzen von einem direkten Vergleich. Nichtsdestotrotz zeigen meine Ausarbeitungen einige Parallelen (in dieser Arbeit größtenteils nur sprachliche), die nicht zu leugnen sind. Die Diskussion, ob AfD und PEGIDA denn nun rechtsextrem sind oder zumindest rechtsextreme Strömungen und Tendenzen aufweisen, kursiert seit geraumer Zeit in den Medien. Im doch beschränkten Rahmen meiner sprachlichen Auseinandersetzung mit den Gruppierungen, beziehungsweise Parteien, wage ich es jedoch nicht diese Frage eindeutig zu beantworten. Fest steht, dass es definitiv immer einige schwarze Schafe gibt, die durch rechtsextreme Äußerungen und Ideologien auffallen und natürlich großes mediales Echo hervorrufen. Doch auch und vor allem hier gilt die oberste Maxime, keine Verallgemeinerungen zuzulassen.

Ich möchte im Rahmen dieses Fazits den Horizont meiner Abhandlung erweitern, mich auch auf gesamtpolitische Aspekte beziehen und vor allem aus Eigeninteresse und gewisser Sorge meine persönliche Meinung einarbeiten. Ich will also einen Bogen zur Einleitung meiner Arbeit spannen. Rechtspopulistische Parteien und Bewegungen feiern derzeit nicht nur in Deutschland enorme Erfolge. Auch global betrachtet ist der Rechtsruck deutlich zu beobachten. Sei es ein Donald J. Trump, der als potenzieller neuer Präsident der Vereinigten Staaten von Amerika seinen Erfolg auf rassistischen, frauenfeindlichen, vor Gewalt strotzenden Aussagen und Parolen aufbaut, sei es die französische Marine Le Pen, die mit ihrer- von einigen Experten als rechtsextrem eingestuften- Partei Front Nationale aktuell mehr und mehr Erfolg in Frankreich hat, sei es Norbert Hofer, der als Kandidat der FPÖ in einem weiteren Nachbarland Deutschlands als Rechtspopulist für das Amt des Bundespräsidenten kandidiert oder sei es eine nationalkonservative Regierung um Jaroslaw Kaczynski in Polen, die den Eindruck vermitteln könnte, einen autoritären Staat errichten zu wollen.

Ich persönlich betrachte diese Entwicklung mit großer Sorge, aus dieser- wie bereits in der Einleitung erwähnt- diese Arbeit entstanden ist.

Befasse ich mich in diesem Zusammenhang mit so manchen sprachlichen Entgleisungen dieser Politiker, so komme ich nicht umhin, unterbewusst eine gewisse Parallele zum Nationalsozialismus zu ziehen- trotz aller Rationalität und der Maxime, keine Verallgemeinerungen und unbegründete Schlüsse und Assoziationen zuzulassen.

6. LITERATURVERZEICHNIS:

Bücher

Harms, Lisa-Malin: Metaphern im Sprachenkontrast, Kriegsmetaphorik in der politischen Berichterstattung deutscher und französischer Tageszeitungen. Bochum, 2009

Muders, Katharina: Manipulation durch Sprache insbesondere am Beispiel politischer Rede. Düsseldorf 2007

Santayana, George: The Life of Reason, Volume 1, 1905

Taubert, Janin: Politische Rhetorik im Nationalsozialismus- Die außen- und innenpolitische Funktion von Joseph Goebbels Sportpalastrede „Wollt ihr den totalen Krieg?", Berlin 2006

Zeitschriftenaufsätze:

Bönisch, Georg: Das böse Genie. In DER SPIEGEL, 22.11.2010

Internetquellen:

AfD- Politiker will Flüchtlinge notfalls mit Schüssen abhalten.
http://www.zeit.de/politik/deutschland/2015-11/afd-fluechtlingskrise-schusswaffen
Abrufdatum: 3.11.2016

Junghort, Torsten. So instrumentalisiert die AfD die Münchner Bluttat. 23.07.2016
https://www.welt.de/politik/deutschland/article157246081/So-instrumentalisiert-die-AfD-die-Muenchner-Bluttat.html Abrufdatum: 2.11.2016

Kellerhoff, Sven Felix: Die Dresdner Pöbelei steht in direkter Nazi-Tradition.
https://www.welt.de/geschichte/article158546407/Die-Dresdner-Poebelei-steht-in-direkter-Nazi-Tradition.html. Abrufdatum: 9.10.2016

Zitate von Petry, Gauland und Storch. Das sind die skurrilsten Thesen der AfD- Politiker.
http://www.focus.de/politik/videos/erfolgreich-aber-merkwuerdig-das-sind-die-fuenf-skurrilsten-thesen-der-afd-politiker_id_4140720.html Abrufdatum: 3.11.2016

http://www1.wdr.de/daserste/monitor/videos/video-hoeckes-reden--goebbels-sound-100.html Abrufdatum 2.11.2016

offizielle Facebook Seite der Alternative für Deutschland
https://www.facebook.com/alternativefuerde/ Abrufdatum: 2.11.2016

7. ANHANG

Ausschnitt aus Dr. Joseph Goebbels Sportpalastrede:[1]

Ich kann also mit Fug und Recht sagen: Was hier vor mir sitzt, ist ein Ausschnitt aus dem ganzen deutschen Volk an der Front und in der Heimat. Stimmt das? Ja oder Nein! Ihr also, meine Zuhörer, repräsentiert in diesem Augenblick die Nation. Und an Euch möchte ich zehn Fragen richten, die Ihr mir mit dem deutschen Volke vor der ganzen Welt, insbesondere aber vor unseren Feinden, die uns auch an ihrem Rundfunk zuhören, beantworten sollt. Die Engländer behaupten, das deutsche Volk habe den Glauben an den Sieg verloren. Ich frage Euch: Glaubt Ihr mit dem Führer und mit uns an den endgültigen totalen Sieg des deutschen Volkes? Ich frage Euch: Seid Ihr entschlossen, dem Führer in der Erkämpfung des Sieges durch dick und dünn und unter Aufnahme auch der schwersten persönlichen Belastungen zu folgen? Zweitens: Die Engländer behaupten, das deutsche Volk ist des Kampfes müde. Ich frage Euch: Seid Ihr bereit, mit dem Führer als Phalanx der Heimat hinter der kämpfenden Wehrmacht stehend diesen Kampf mit wilder Entschlossenheit und unbeirrt durch alle Schicksalsfügungen fortzusetzen, bis der Sieg in unseren Händen ist? Drittens: Die Engländer behaupten, das deutsche Volk hat keine Lust mehr, sich der überhandnehmenden Kriegsarbeit, die die Regierung von ihm fordert, zu unterziehen. Ich frage Euch: Seid Ihr und ist das deutsche Volk entschlossen, wenn der Führer es befiehlt, zehn, zwölf, und wenn nötig vierzehn und sechzehn Stunden täglich zu arbeiten und das Letzte herzugeben für den Sieg? Viertens: Die Engländer behaupten, das deutsche Volk wehrt sich gegen die totalen Kriegsmaßnahmen der Regierung. Es will nicht den totalen Krieg, sondern die Kapitulation. Ich frage Euch: Wollt Ihr den totalen Krieg? Wollt Ihr ihn wenn nötig totaler und radikaler, als wir ihn uns heute überhaupt noch vorstellen können?

[1] http://www.archive.org/stream/WolltIhrDenTotalenKrieg/GoebbelsJoseph-Rede-WolltIhrDenTotalenKrieg194315S._djvu.txt **Abrufdatum: 3.11.2016**

BEI GRIN MACHT SICH IHR WISSEN BEZAHLT

- Wir veröffentlichen Ihre Hausarbeit,
  Bachelor- und Masterarbeit

- Ihr eigenes eBook und Buch -
  weltweit in allen wichtigen Shops

- Verdienen Sie an jedem Verkauf

Jetzt bei www.GRIN.com hochladen
und kostenlos publizieren

BEI GRIN MACHT SICH IHR WISSEN BEZAHLT

- Wir veröffentlichen Ihre Hausarbeit, Bachelor- und Masterarbeit

- Ihr eigenes eBook und Buch - weltweit in allen wichtigen Shops

- Verdienen Sie an jedem Verkauf

Jetzt bei www.GRIN.com hochladen und kostenlos publizieren

Bibliografische Information der Deutschen Nationalbibliothek:

Die Deutsche Bibliothek verzeichnet diese Publikation in der Deutschen National-
bibliografie; detaillierte bibliografische Daten sind im Internet über http://dnb.d-
nb.de/ abrufbar.

Impressum:

Copyright © 2016 GRIN Verlag, Open Publishing GmbH
Druck und Bindung: Books on Demand GmbH, Norderstedt Germany
ISBN: 9783668348660

Dieses Buch bei GRIN:

http://www.grin.com/de/e-book/344932/effiziente-makrozyklusplanung-nach-der-
ilb-methode-diagnostik-zielsetzung

Tobias Grötsch

**Effiziente Makrozyklusplanung nach der ILB-Methode.
Diagnostik, Zielsetzung, Planung**

GRIN Verlag

GRIN - Your knowledge has value

Der GRIN Verlag publiziert seit 1998 wissenschaftliche Arbeiten von Studenten, Hochschullehrern und anderen Akademikern als eBook und gedrucktes Buch. Die Verlagswebsite www.grin.com ist die ideale Plattform zur Veröffentlichung von Hausarbeiten, Abschlussarbeiten, wissenschaftlichen Aufsätzen, Dissertationen und Fachbüchern.

Besuchen Sie uns im Internet:

http://www.grin.com/

http://www.facebook.com/grincom

http://www.twitter.com/grin_com

Inhaltsverzeichnis

1 DIAGNOSE 3

1.1 Allgemeine und biometrische Daten 3

1.2 Krafttestung 5

    1.2.1 Schlussfolgerung und Konsequenzen für die weitere Trainingssteuerung 6

2 ZIELSETZUNG/ PROGNOSE 7

2.1 Begründung der Zielsetzung 8

3 TRAININGSPLANUNG MAKROZYKLUS 8

3.1 Makrozyklusdarstellung 8

4 TRAININGSPLANUNG MESOZYKLUS 12

4.1 Darstellung Mesozyklus 12

4.2 übergeordnetes Konzept des dargestellten Mesozyklus I 13

4.3 Begründung der Übungsauswahl, Nutzen des Probanden 13

5 ARTERIELLE HYPERTONIE UND SPORT 15

6 LITERATURVERZEICHNIS 17

7 ABBILDUNGS- UND TABELLENVERZEICHNIS 18

7.1 Abbildungsverzeichnis 18

7.2 Tabellenverzeichnis 18

1 Diagnose

1.1 Allgemeine und biometrische Daten

Um eine systematische, zielgerichtete und erfolgreiche Trainingsplanung gewährleisten zu können, bedarf es unteranderem der Erhebung der allgemeinen und biometrischen Daten.

Diese wurden in einem umfassenden Eingangsgespräch erhoben und in der untenstehenden Tabelle dargestellt.

Tab. 1: Allgemeine und biometrische Daten des Probanden

Alter	23 Jahre
Geschlecht	männlich
Körpergröße	176 cm
Körpergewicht	90 kg
Körperfettanteil	22% (Normwerte siehe Abbildung 1)
Muskelmasseanteil	50% (Normwerte siehe Abbildung 1)
Berufliche Tätigkeit	Metallbauer
vorangegangene sportliche Aktivitäten	3 Jahre Handball (3x90 Minuten / Woche) ,2 Jahre Krafttraining
aktuelle sportliche Aktivitäten	3x/ Woche Handball 2x/ Woche je 60 Minuten nicht strukturiertes aber regelmäßiges Krafttraining im externen Fitness Studio
Trainingsmotive	gezielter Muskelaufbau, Kraftaufbau, Verbesserung von Kraftausdauer, Fettreduzierung
Leistungsstufe	**Fortgeschrittener**, nach Trainingsalter (ILB) siehe Tab. 7
Trainings- Zeitkontingent	2x Woche je 90 Minuten

	Körperfett				Körperwasser	Muskelanteil
	Wenig	Normal	Viel	Sehr viel	Normal	Normal
Alter 10-12	<8	8-18	18-24	>24	>64	>40
Alter 12-18	<8	8-18	18-24	>24	>63,5	>40
Alter 18-30	<8	8-18	18-24	>24	>62,5	>40
Alter 30-40	<11	11-20	20-26	>26	>61	>40
Alter 40-50	<13	13-22	22-28	>28	>60	>40

Abb.: 1 Normwerte für Körperfettanteil und Muskelmasse (eigene Darstellung)

In der nachfolgenden Tabelle wurden weitere biometrische Messergebnisse (Blutdruck, Ruhepuls) des Probanden erfasst und anschließend an wissenschaftlichen Normwerten beurteilt.

Aufgrund der dargestellten Werte wurde der allgemeine Gesundheitszustand ermittelt. Diese Daten sind wichtig um das Training gesundheitsorientiert planen und steuern zu können. Der Blutdruckwert wurde morgens nach einer 10-minütigen Ruhephase am Oberarm mittels eines Blutdruckmessgerätes (Sanitas SMB 21) auf Herzhöhe gemessen, der Ruhepuls am Handgelenk.

Tab. 2: Biometrische Daten (Ruhepuls & Blutdruck)

Biometrischer Parameter	Messwert	Normwert	Bewertung
Ruhepuls	69 Schläge/Minute	60-80 Schläge/Minute (Erwachsener)	Normaler Ruhepuls Keine Einschränkung auf Trainierbarkeit
Blutdruck	122/81mmHg	Normal nach WHO Siehe Tabelle 3.	Normaler Blutdruck Keine Einschränkung Auf Trainierbarkeit

Tab. 3: Normwerte systolischer/ diastolischer Blutdruck nach WHO

Kategorie	Systolisch (mmHg*)	Diastolisch (mmHg*)
optimaler Blutdruck	<120	<80
normaler Blutdruck	<130	<85
hoch-normaler Blutdruck	130-139	85-89
Hypertonie Grad 1	140-159	90-99
Hypertonie Grad 2	160-179	100-109
Hypertonie Grad 3	>180	>110

*mmHg = Millimeter Quecksilbersäule

Nach erhobenen Messwerten von allgemeinen und biometrischen Daten, ist abschließend eine Bewertung über den allgemeinen Gesundheitszustand und die Belastbarkeit des Probanden zu treffen. Diese erfolgen in folgender Tabelle.

Tab. 4: Daten zur abschließenden Bewertung des allgemeinen Gesundheitszustandes

Parameter	Beschränkung/ Bewertung auf Trainierbarkeit
Medikamente	keine
sonstige gesundheitliche Einschränkungen	keine-laut sportärztlicher Untersuchung
allgemeiner Gesundheitszustand	gut bis sehr gut, volle Trainierbarkeit

1.2 Krafttestung

Um eine weitere Trainingsplanung in Bezug auf geplante umzusetzende Intensitäten erstellen zu können, empfiehlt sich eine Krafttestung. Hier stehen der 1-RM Test (Maximalkrafttest), der X-RM-(Mehrwiederholungskrafttest) nach ILB – (individuellen Leistungsbildmethode) und die Intensitätsbestimmung über subjektives Belastungsempfinden zur Wahl. Die Auswahl, des hier angewandten Mehrwiederholungskrafttestes nach ILB (mit 10 Wiederholungen) wurde in Tab. 5: Testverfahren nach ILB Begründung und Ablauf begründet und detailliert beschrieben.

Tab. 5: Testverfahren nach ILB Begründung und Ablauf

Begründung des ausgewählten Testverfahrens	Da ein gesundheitsorientiertes Muskelaufbautraining im Vordergrund steht, und ein Mehrwiederholungskrafttest im Vergleich zu einem Maximalkrafttest ein weit weniger großes Verletzungsrisiko auf das aktive und passive Bewegungssystem darstellt, wird der X-RM-Test nach ILB dem 1-RM-Test hier vorgezogen. Des Weiteren ähnelt der Mehrwiederholungs-Kraft Test" dem Ablauf des Hypertrophie Trainings 20-50 Sekunden TUT= „Time under Tension" (Spannungsdauer) pro Satz.
Testablauf	Nach 5-Minütigen allgemeinen Aufwärmens zum Erhöhen der Körperkerntemperatur auf dem Crosstrainer, erfolgte ein spezielles Aufwärmen der Arbeitsmuskulatur mit jeweils ein Erwärmungssatz pro Übung am Gerät mit unterschiedlichen Belastungsintensitäten in % des eigenen Körpergewichtes, (siehe Tabelle 6) Dieses Warm Up ist durchzuführen um Verletzungen zu vermeiden Die Übungen für den Test wurden so gewählt, dass sie auf den ersten Mesozyklus übertragbar sind. Es wurden bis zu 3 Sätze getestet. Wichtig für einen aussagekräftigen Test ist, das 10 Wiederholungen = WH technisch sauber in einem normalen Bewegungstempo (hier zum Beispiel 4 Sekunden 2-1-2 TUT) ausgeführt werden. Das Ergebnisgewicht (maximale Arbeitsgewicht) sollte (unter Voraussetzung der 10 absolvierten Wiederholungen) möglichst in den ersten 2 Sätzen erbracht werden um eine Muskelvorermüdung zu vermeiden. Anschließend wurde ein 10-miüntiges Abwärmen bei einer Pulsfrequenz von circa 137 Herzschlägen pro Minute absolviert. Hinweis: Der Test muss für jeden Mesozyklus mit angepassten Testübungen neu vorrausgehen.

In nachfolgender Tabelle wurden die Übungen mit Testgewichten sowie die Testergebnisse dargestellt.

Tab. 6: Darstellung des X-RM (ILB) Tests mit Ergebnissen

Übung	WH	Erwärmungssatz	1.Testsatz	2.Testsatz	3.Testsatz	Ergebnis
Bankdrücken Maschine	10	45 kg	60 kg	80 kg	/	80 kg
Schrägbankdrücken Multipresse	10	45 kg	60 kg	/	/	60 kg
Butterfly Maschine	10	30 kg	40 kg	50 kg	/	50 kg
Beinpresse horizontal	10	112,5 kg	145 kg	170 kg	/	170 kg
Beinstrecker Maschine	10	45 kg	50 kg	55 kg	/	55kg
Beinbeuger Maschine	10	45 kg	55 kg	/	/	55 kg
Latzug Maschine	10	30 kg	40 kg	60 kg	80 kg	80 kg
Rudern sitzend am Seilzug	10	30 kg	40 kg	60 kg	/	60 kg
T-Bar Rudern geführt	10	30 kg	40 kg	50 kg	/	50 kg
Crunch - Maschine	10	20 kg	30 kg	/	/	30 kg
Trizepsstrecken am Seilzug	10	20 kg	25 kg	30 kg	/	30 kg

1.2.1 Schlussfolgerung und Konsequenzen für die weitere Trainingssteuerung

Wie bei allen Krafttests existieren aufgrund der zahlreichen möglichen negativen Einflussfaktoren (Gemütszustand, Nährstoffaufnahme vor dem Training, vorrangegangener Schlaf) keine Norm- und Referenzwerte. Somit ist ein präziser Leistungsvergleich mit anderen Individuen mit gleichen allgemeinen und biometrischen Daten ist somit nicht möglich.

Der intraindividuelle Leistungsvergleich (innerhalb eines Individuums) ist gut möglich, und für unsere Aufgabenstellung in Bezug auf Trainingsplanung und Trainingssteuerung von größerer Bedeutung da sich somit die Leistungsentwicklung sehr gut messen und dokumentieren lässt.

Voraussetzung ist hierbei eine konsequente und exakte Einhaltung der Rahmenbedingungen des Testablaufs, das heißt Störgrößen werden möglichst umfassend kontrolliert (Tests werden zum Beispiel zur selben Tageszeit, bei gleichem Gemütszustand, gleicher Nährstoffaufnahme durchgeführt).

Aus den erhobenen Daten des X-RM Tests und dem Trainingsalter, können wir nun die richtigen Trainingsintensitäten,

(orientiert an der Leistungsfähigkeit des bradytrophen Gewebes) mittels des Grobrasters zur Trainingsplanung nach der ILB Methode sieheTab. 7 ableiten.

Tab. 7: Grobraster nach ILB

Leistungsstufe	Zeitstufe Monate	Organisationsform	Einheiten/ Woche	Übungen/ Muskel	Sätze/ Übung	Intensität in % ILB
Orientierungsstufe	0-1,5	Ganzkörpertraining	2	1-2	1-2	gering
Beginner	1,5-6	Ganzkörpertraining	2	1-2	1-2	50-70
Geübter	6-12	Ganzkörpertraining	2-3	2	(1)2-3	60-80
Fortgeschrittener	12-36	GK/Split*	3-4	1-3	(1)2-3	70-90
Leistungstrainierender	>36	GK/Split	3-6	1-4	2-4	80-100

GK=Ganzkörpertraining   Split=Split Training

2   Zielsetzung/ Prognose

Da für die Dokumentation des Trainingserfolges eine Zielsetzung nach Inhalt, Ausmaß, Zeit sehr wichtig ist, wurden diese in der folgenden Tabelle aufgezeigt.

Tab. 8: Zielsetzung nach Inhalt, Ausmaß, Zeit

Inhalt	Ausmaß	Zeit	Ziel
Muskelaufbau	+3 kg	in 6 Monaten	53kg Muskelmasse nach 6 Monaten Training
Kraftaufbau	+20%	in 6 Monaten	90% 10 X-RM (ILB) nach 6 Monaten Training
Fettreduzierung	-10%	in 6 Monaten	12% Körperfett nach 6 Monaten Training

2.1 Begründung der Zielsetzung

Die wichtigsten Trainingsziele und Ergebnisformen sind unteranderem sportliche Leistungsfähigkeit, körperliche Vollkommenheit, Fitness und Vollkommenheit. (Schnabel, 2008, S. 17-18)

Da Kraftaufbau (Körperliche Leistungsfähigkeit), körperliche Vollkommenheit (Muskelaufbau, Fettreduktion) zu den Trainingsmotiven des Probanden gehören und diese auch zu den wichtigsten Zielsetzungen des Trainers gehören, wurde diese hier so gesetzt.

Wichtig sind hierbei die zu Beginn erhobenen Referenzwerte, um Veränderungen wie reduzierter Fettanteil und Zuwachs an Muskelmasse ordentlich dokumentieren und vergleichen zu können. Des Weiteren sind hierbei in diesem Zusammenhang die Parameter Inhalt, Ausmaß, Zeit von wichtiger Bedeutung.

3 Trainingsplanung Makrozyklus

3.1 Makrozyklusdarstellung

In folgender Tabelle wird der geplante Makrozyklus dargestellt.

Tab. 9: Darstellung des Makrozyklus

	Mesozyklus I	Mesozyklus II	Mesozyklus III	Mesozyklus IV
Zyklusdauer	6 Wochen	4 Wochen	6 Wochen	8 Wochen
spezifisches Trainingsziel	Muskelaufbau (extensiv) Hypertrophie I	Kraftaufbau IK-Maximalkraft	Kraftausdauer	Muskelaufbau (intensiv) Hypertrophie II
Trainingssystem	Ganzkörper	Ganzkörper	Ganzkörper	Ganzkörper
Organisationsform	Station	Station	Station	Station
Einheiten/ Woche	2	2	2	2
Übungen/ Muskelgruppe	1-3	1-3	1-3	1-3
Sätze/ Übung	2	3	2	3
Satzpause	90 Sekunden	120 Sekunden	70 Sekunden	90 Sekunden
Intensität X-RM nach ILB	70-90%	70-90%	70-90%	70-90%
Belastungsdauer/ Satz	50 Sekunden	15 Sekunden	60 Sekunden	40 Sekunden
Bewegungstempo (TUT)/ Wiederholung/ Wiederholungssumme	2-1-2 Sekunden pro Wiederholung = 10 WH	2-0-1 Sekunden pro Wiederholung = 5 WH	2-1-1 Sekunden pro Wiederholung = 15 WH	2-1-1 Sekunden pro Wiederholung = 10 WH

Nun gilt, es den oben dargestellten Makrozyklus auf den Aspekt der übergeordneten Trainingsmethode, aufzuzeigen. Dies geschieht aus Gründen der Übersichtlichkeit in tabellarischer Form siehe Tab. 10

Tab. 10: übergeordnete Trainingsmethode und deren Begründung

Aspekte der Makrozyklusplanung	Begründung
übergeordnete Trainingsmethode	Die Wahl der Trainingsmethodik, wurde aufgrund des Trainingsprinzip der individualisierten Belastung und Belastungssteuerung, anhand des Gesundheitszustands (Trainierbarkeit), Trainingsalters (in Orientierung der Leistungsfähigkeit des bradytrophen Gewebes) und der Trainingsmotive des Probanden gewählt. Wie bereits in Tab. 5 beschrieben wurde sich aufgrund der Trainingsalters und des spezifischen Trainingsziels für die ILB Methode entschieden. Diese ermöglicht eine Intensitätssteuerung über die maximale Last für die festgelegte Wiederholungszahl, die im Mesozyklus auch trainiert werden soll (Eifler, 2013, S. 72) Das Arbeitsgewicht für den jeweiligen Mesozyklus ist nun festgelegt und der Proband trainiert in einer optimalen auf ihn abgestimmten Intensität.

In Tab. 11 werden die geplanten Belastungsparameter aufgeführt und begründet.

Tab. 11: Belastungsparameter und deren Begründung

Aspekte der Makrozyklusplanung	Begründung
Belastungsparameter	**Zyklusdauer:** Um hier gewünschte Anpassungseffekte im Körper zu erzielen benötigt es eines bestimmten Zeitraums, zum Beispiel braucht eine Muskelzelle mehrere Wochen zum Wachsen. Das Prinzip der variierenden Belastung besagt das Belastungen, (Trainingsmethoden) nach einer gewissen zeitlichen Dauer gewechselt werden, wodurch gleich mehrere Leistungsfaktoren verbessert werden können. (Güllich K. , 2016, S. 448) eine gewisse Zyklusbelastungsdauer muss deswegen absolviert werden das gewünschte morphologische Anpassungsprozesse stattfinden können. **Einheiten/Woche**/Satzpausen*: das Prinzip der Relation von Belastung und Erholung besagt, dass diese beiden genannten Parameter innerhalb einer Trainingseinheit (Satzpausen) und zwischen verschiedenen Trainingseinheiten (Buskies, 2000, S. 25), eine wichtige Rolle spielt. Morphologische Anpassungsvorgänge (zum Beispiel, Muskel Hypertrophie) brauchen für Aufbauvorgänge eine Erholungsphase. Mit 2 Trainingseinheiten/ Woche, und dementsprechender Pause von 48-72h zwischen den Trainingseinheiten, ist somit eine ausreichende Regenerationsphase gesichert und im zeitlichen beziehungsweise gesundheitlichen Verfügungsrahmen (Grobraster ILB) des Probanden und entspricht dem zu Folge den gegebenen Leistungsvoraussetzungen des Probanden. **Übungen/ Muskelgruppe:** Je Muskelgruppe sollte in einem Ganzkörpertraining mindestens eine Übung ausgeführt werden um eine ausgewogene Trainingsbalance zu erreichen, Werden zu viele Übungen ausgeführt, steigt die Belastungsdauer der Trainingseinheit. Dies kann negative hormonelle Reaktionen nach sich ziehen (Cortisol Anstieg und daraus resultierender Katabolismus) Im Fokus stand hier das aktive und passive Bewegungssystem auf den höheren Belastungsreiz des darauffolgenden IK-Zyklus = Maximalkrafttrainingszyklus vorzubereiten. **Sätze/ Übung:** Die Satz Zahl pro Übung (hier 2-3) wurde so festgelegt, dass der Muskel im Belastungsumfang gesundheits-orientiert, subjektiv ausbelastet, aber nicht überbelastet wird, und dennoch ein überschwelliger Reiz auf die Muskulatur stattfindet. **Belastungsdauer:** Da in gleicher Intensität aber mit verschiedenen Lasten je nach Trainingsmethode (IK hohe Last/ Ausdauer geringere Last) und diesbezüglich ermitteltem X-RM Testergebnissen trainiert wird, ergeben sich eine unterschiedliche Satzdauer je nach Trainingsziel. IK Training<15 Sekunden, Hypertrophie Training 20-50 Sekunden, Kraftausdauertraining 50-120 Sekunden (Fröhlich S. E., 2002, S. 749) **Bewegungstempo:** (TUT) Die Belastungsdauer=Time under Tension wurde im ersten Mesozyklus 2-1-2 (exzentrisch-statisch-konzentrisch) so gewählt, da im primärpräventiven Krafttraining im mittleren, gleichmäßigen Tempo ohne ersichtliche Pause trainiert wird (Zimmermann, 2002, S. 200) **Satzpause:** Die Satzpause ist erforderlich, dass sich die phosphagenen Speicher (speziell Kreatinphosphatspeicher) durch Re-synthese wieder füllen können, sich die Skelettmuskulatur erholen kann und auf den nächsten Belastungsreiz vorbereitet ist, hierbei geht man bei großen Belastungsreizen (IK Training) von größeren Satzpausen 3-5, Hypertrophie Training 2-3 Minuten, und bei Ausdauertraining 50-120 Sekunden aus (Güllich S. , 1999) **Intensität:** Die ermittelte Intensität von 70-90% (Fortgeschrittener) ergibt sich aufgrund des Trainingsalters aus dem Grobraster zur Trainingsplanung aus der ILB Methode. Diese kann progressiv nach Leistungssteigerung angepasst werden (Eifler, 2013, S. 73-74) und entspricht somit der Zielsetzung, und leitet sich ab aus dem Prinzip der progressiven Belastungssteigerung.

Die Begründung der Organisationsform des Kreistrainings an der Station und die Begründung der Periodisierung mit den daraus resultierenden Adaptionen auf den menschlichen Körper speziell auf das aktive Bewegungssystem wird in Tab. 12 dargestellt.

Tab. 12: Begründung der Organisationsform und Periodisierung

Organisationsform	Die Organisationsform des Ganzkörpertrainings wurde gewählt, weil der Proband einen zeitlichen Verfügungsrahmen von 2 Tagen angab. Ein Split Training wäre bezogen auf das Trainingsalter nach ILB Methode zwar möglich, doch aufgrund des geringen zeitlichen Kontingents und der Zielsetzung suboptimal. Mit einem Ganzkörpertraining können alle Muskelgruppen relativ umfangreich trainiert werden. Wichtig ist, dass wie in Tab. 11 (Übungen/ Trainingseinheit) erwähnt mindestens eine Muskelgruppe pro Trainingseinheit adäquat nach XRM-ILB ausbelastet wird um der Zielsetzung gerecht zu werden. Es wurde sich überwiegend auf mehrgelenkige Übungen konzentriert, da diese Übungen mehr Muskeln beanspruchen und somit ein insgesamt höheres Muskelwachstum als bei isolierten ein gelenkigen Übungen möglich ist. Das Stationstraining hat gerade für trainingserfahrene Personen den Vorteil, dass es für Hypertrophie- und Kraftausdauer- Prozesse aufgrund des gezielten und differenzierten Belastungsreizes zu einer besseren Adaption auf die Skelettmuskulatur kommen kann. (Heiduk, 2013)
Periodisierung	Die Periodisierung ist unteranderem aus gesundheitlich orientierten und zielsetzungsorientierten Gesichtspunkten zu wählen, da der Proband ist zwar trainingserfahren ist, dennoch zuvor unstrukturiert trainiert hat. (Berger, 2008, S. 234) Deswegen wurde für den ersten von 4 Mesozyklen (6 Wochen jeweils ein extensives Hypertrophie Training gewählt um die Muskulatur, den aktiven und passiven Bewegungsapparat auf darauffolgende, höhere Belastungen vor zu bereiten. Somit können erste Hypertrophie Prozesse eingeleitet werden. Um monotone Trainingsanforderungen aufgrund der Blockierung der Adaption zu vermeiden (Harre, 2008, S. 94) wurde im 2. Mesozyklus ein IK Training geplant um die Rekrutierung und Frequentierung des Nervensystems zu steigern, unerschlossene motorische Einheiten zu aktivieren und intermuskuläre Koordination zu verbessern (Olivier, 2008, S. 115). Um die Fähigkeit der gesteigerten Nährstoffaufnahme des Muskels zu generieren hat die Kapillarisierung und enzymatische Ausstattung des Muskels eine vorrangige Bedeutung in der Energiebereitstellung. Besonders unter anaeroben Belastungen (Kraftausdauertraining) kann diese morphologische Adaption hervorgerufen werden. (Fröhlich, 2003, S. 36)

4 Trainingsplanung Mesozyklus

4.1 Darstellung Mesozyklus

Tab. 13 stellt den Mesozyklus I des oben erstellten Makrozyklus in detaillierter Form dar.

Tab. 13: detaillierte Darstellung Mesozyklusplan I

Belastungsparameter	Mikrozyklus I	Mikrozyklus II	Mikrozyklus III	Mikrozyklus IV	Mikrozyklus V	Mikrozyklus VI
Zyklusdauer	1 Woche	1 Woche	1 Woche	1 Woche	1 Woche	1 Woche
Trainingsziel	extensive Hypertrophie	extensive Hypertrophie	extensive Hypertrophie	extensive Hypertrophie	extensive Hypertrophie	extensive Hypertrophie
Trainingseinheiten/ Woche	2	2	2	2	2	2
Organisationsform	Ganzkörper/ Station	Ganzkörper/ Station	Ganzkörper/ Station	Ganzkörper/ Station	Ganzkörper/ Station	Ganzkörper/ Station
Übungen/ Muskelgruppe	2	2	2	2	2	2
Sätze/ Übung	3	3	3	3	3	3
Time under Tension/ Satz	50 Sekunden	50 Sekunden	50 Sekunden	50 Sekunden	50 Sekunden	50 Sekunden
Bewegungstempo/TUT pro Wiederholung	2-1-2	2-1-2	2-1-2	2-1-2	2-1-2	2-1-2
Wiederholungen	10	10	10	10	10	10
Krafttrainingsübungen/ Intensität/ Dokumentation erbrachter Leistungen						
Zyklusnummer	Woche 1	Woche 2	Woche 3	Woche 4	Woche 5	Woche 6
Intensität nach XRM/ Übung	70% XRM in Kilogramm	70% XRM in Kilogramm	80% XRM in Kilogramm	80% XRM in Kilogramm	90% XRM in Kilogramm	90% XRM in Kilogramm
Warm up	5 Minuten	5 Minuten	5 Minuten	5 Minuten	5 Minuten	5 Minuten
Bankdrücken Maschine	56 Kg	56 Kg	64 Kg	64 Kg	72 Kg	72 Kg
Schrägbankdrücken Multipresse	42 Kg	42 Kg	48 Kg	48 Kg	54 Kg	54 Kg
Butterfly Maschine	35 Kg	35 Kg	40 Kg	40 Kg	45 Kg	45 Kg
Beinpresse horizontal	119 Kg	119 Kg	136 Kg	136 Kg	153 Kg	153 Kg
Beinstrecker Maschine	38,5 Kg	38,5 Kg	44 Kg	44 Kg	49,5 Kg	49,5Kg
Beinbeuger Maschine	38,5 Kg	38,5 Kg	44 Kg	44 Kg	49,5 Kg	49,5 Kg
Latzug Maschine	56 Kg	56 Kg	64 Kg	64 Kg	72 Kg	72 Kg
Rudern sitzend am Seilzug	42 Kg	42 Kg	48 Kg	48 Kg	54 Kg	54 Kg
T-Bar Rudern geführt	35 Kg	35 Kg	40 Kg	40 Kg	45 Kg	45 Kg
Crunch - Maschine	21 Kg	21 Kg	24 Kg	24 Kg	27 Kg	27 Kg
Trizeps Strecken am Seilzug	21 Kg	21 Kg	24 Kg	24 Kg	27 Kg	27 Kg
Cool down	10 Minuten	10 Minuten	10 Minuten	10 Minuten	10 Minuten	10 Minuten

4.2 übergeordnetes Konzept des dargestellten Mesozyklus I

Aus den erhobenen biometrischen und allgemeinen Daten, des Gesundheitszustandes (keine gesundheitlichen Einschränkungen), Leistungszustandes (Trainingsalter nach ILB Grobraster) war eine volle Trainierbarkeit gegeben. Belastungsnormativen des Belastungsumfangs, der Belastungsintensität, Belastungsdauer, Belastungshäufigkeit, Belastungsdichte und Belastungsausführung, sind für die Planung und Dosierung und auch für die Beurteilung von Trainingswirkungen erforderlich, (Hottenrott, 2010, S. 101-103) und wurden aufgrund der oben erwähnten Daten (angepasst an die Leistungsvoraussetzungen des Probanden) gewählt. Es wurde mit dem Prinzip der progressivem Leistungssteigerung Steigerung der Intensitäten von 70-90% eine Progression forciert.

Das Training wurde an größtenteils an Maschinen ausgeführt um eine technisch saubere Ausführung zu erlernen woraus die Verletzungsgefahr aufgrund der festgelegten Führung minimiert ist. (Wastl, 2015)
Bradytrophes Gewebe wird auf später mögliche höhere Belastungen im Training eingeübt. Diese Form wurde gewählt da der Grad der bereits erlernten Trainingstechnik nicht abschätzbar war. Die Übungen am Seilzug wurden ausgeführt um die Übungstechnikausführung des Probanden zu schulen und auf Ihn auf eine etwaige, später, erhöhte koordinative Leistungsbelastung (zum Beispiel Freihanteltraining) im hier nicht aufgeführten, bereits geplanten Makrozyklus vorzubereiten.

Durch das relativ geringe Trainings Zeit Kontingent von 2 Trainingseinheiten pro Woche wurde ein Ganzkörpertraining mit dominierend mehrgelenkbeanspruchenden Übungen zu Beginn des Trainings festgelegt um möglichst viele Muskelgruppen zu beanspruchen, Synergisten nicht übermäßig vor zu ermüden (Bompa, 2005, S. 69) und der Zielsetzung der Hypertrophie, der Körperfettreduktion, des Kraftaufbaus, der Steigerung der Kraftausdauer, gerecht zu werden.

4.3 Begründung der Übungsauswahl, Nutzen des Probanden

Um den Nutzen der ausgeführten Übungen für den Probanden schematisch darzustellen geschieht dies aus Gründen der Übersicht in der nachfolgenden Tabelle.
Wurde die Bewegung im Gelenk und die hauptsächlich arbeitende Muskulatur benannt, bezieht sich dies auf die Konzentrische (kraftüberwindende Phase der Übung).

Tab. 14: Übungen, beanspruchte Muskulatur und deren Nutzen

Übung	Nutzen für den Kunden
Brustpresse (Maschine)	Beim Bankdrücken wird hauptsächlich eine Adduktion im Schultergelenk und eine Extension im Ellenbogengelenk ausgeführt, die hauptsächlich beanspruchte Muskulatur ist der große Brustmuskel, jedoch wird auch der vordere Anteil des Deltamuskels mit trainiert wodurch eine Stabilisierung des Schultergelenks stattfindet, der Nutzen des Kunden ist hier, das später höhere Lasten durch ein stabiles Schultergelenk bewegt werden können.
Schrägbankdrücken Multipresse	Beim Schrägbankdrücken wird eine Adduktion eine kleine Anteversion im Schultergelenk und eine Extension im Ellenbogengelenk ausgeführt, die hauptsächlich beanspruchte Muskulatur ist die Brustmuskulatur. Aufgrund des Winkels und der mehrgelenkigen Beanspruch werden andere Muskeln mit trainiert unteranderem den Deltamuskel (vorderer Anteil), da bei allen Druckübungen der Arme nach vorn der vordere Deltamuskel aktiviert wird (Buskies, 2000, S. 389) was zu einem erhöhtem Muskelwachstum, führen kann. Der Kunde spart Zeit und profitiert vom Höheren Muskelwachstum)
Butterfly Maschine	Bei Fly´s an der Butterfly Maschine wird eine Adduktion im Schultergelenk ausgeführt. Die hauptsächlich ausführende Muskulatur ist der große Brustmuskel. Der Vorteil des Kunden liegt in der leichten Erlernbarkeit dieser Übung und der recht hohen Effizienz auf die Zielmuskulatur was dem Probanden auch einen ästhetischen Nutzen liefert.
Beinpresse horizontal	Bei der Bewegungsausführung der Beinpresse (horizontal) findet wie oft im Alltag eine Extension im Hüft und Kniegelenk statt, fast die komplette Beinmuskulatur wird hierdurch trainiert Dieser Bewegungsablauf kann die Sprungkraft fördern woraus der Nutzen für den Kunden in seiner anderen Freizeitsportart „Handball" förderlich ist
Beinstrecker Maschine	Der 4-köpfige Oberschenkelmuskel führt hier eine Extension im Hüft wie Kniegelenk aus, diesen Bewegungsablauf findet man bei Sprint ähnlichen Abläufen, denn die Fähigkeit einen möglichst schnellen Kraftanstieg zu erzielen (Explosivkraft) (Buskies, 2000, S. 37) ist dem Kunden hier von schnelleren Startgeschwindigkeiten bei Spielabläufen im Handball von Nutzen. Der Kunde profitiert hier von einer höheren Leistungsfähigkeit auf dem Spielfeld
Beinbeuger Maschine	Der 2-köpfige Oberschenkelmuskel ist der Antagonist (Gegenspieler) des 4-köpfigen Oberschenkelmuskels, um eine ausgeglichene Körperkomposition und Kraftrealisierung zu erreichen, ist es notwendig sowohl Agonisten (Spieler=aktiv, konzentrisch beteiligter Muskel) als auch Antagonisten gleichmäßig zu trainieren. Der Proband nutzt hier von der ausgeglichenen, ästhetischen Muskelverteilung und der daraus resultierenden, erhöhten Leistungsfähigkeit.
Latzug Maschine	Der Latzug an der Maschine ist eine mehrgelenkige Übung. Diese Übung bietet dem Probanden viele Vorteile, er profitiert nicht nur von dem vielfältigen, effizienten, gleichzeitigen Aufbau des breiten Rückenmuskels,2-köpfigen Oberarmmuskels, sondern findet seinen Nutzen auch in einer nennenswerten Stabilisierung der Wirbelsäule. Da eine leistungsschwache Rückenmuskulatur oft zu Haltungsschäden führt (Buskies, 2000, S. 11) ist diese Übung vor allem Dingen in seiner beruflichen Tätigkeit von Nutzen.
Rudern sitzend am Seilzug	Der Bewegungsablauf des Ruderns sitzend am Seilzug (Retroversion des Schultergelenks) belastetet wie beim Latzug den breiten Rückenmuskel, die Trapezmuskeln (hier eher mittlerer Anteil) und bietet über der gesundheitlichen Nutzen der Wirbelsäulenstabilisation den Nutzen der Stabilisierung des Schultergelenks, der Kunde resultiert bei einer gesunden, gut trainierten Rotatoren - Manschette von der geminderten Verletzungsgefahr, außerdem ist auch diese Übung wieder mehrgelenkig und der Proband resultiert von Muskelaufbau der Rückenmuskel und Armbeuger Gruppe
T-Bar Rudern geführt	Bewegungsablauf siehe Rudern sitzend am Seilzug, Nutzen des Kunden sind Vermeidung von Rückenschmerzen beim Heben von höheren Lasten auf Arbeit durch stabilisierte Wirbelsäule und gekräftigte Rückenmuskulatur
Crunch - Maschine	Es findet eine Flexion im Hüftgelenk durch die gerade Bauchmuskulatur statt, ein vermindert gestärkte Bauchmuskulatur beeinträchtigt die Funktion der Wirbelsäule (Buskies, 2000, S. 11). Der Kunde profitiert von einer gesunden, geraden Körperhaltung und ästhetisch, wie der Möglichkeit eines Sixpacks bei geringem Körperfettanteil.
Trizeps strecken am Kabel	Durch eine Extension im Ellenbogengelenk wir der 3-köpfige Oberarmmuskel trainiert was den Kunden hilft bei Übungen wie zum Beispiel Bankdrücken höhere Lasten bewegen zu können da dieser Muskel dort als Synergist (Unterstützer wirkt). Der Kunde profitiert hier von Kraftaufbau und dem Nutzen eines Schuss stärkeren Oberarms.

Die Reihenfolge der Übungen wurde so gewählt, dass große Muskelgruppen in mehrgelenkigen Übungen vorrangig trainiert wurden. Das bietet den Vorteil das Synergisten nicht übermäßig vorermüdet werden, was gerade zur Zielsetzung des Kraftaufbaus wichtig ist. Zudem wird der Körper durch diese Reihenfolge vernünftig erwärmt und Stoffwechselprozesse aktiviert.

5   Arterielle Hypertonie und Sport

Zur Teilaufgabe 5 habe ich ein Fachgebiet gewählt, dessen Problematik man im Alltag als Trainers oft antrifft. Viele Menschen leiden unter den negativen Auswirkungen von Hypertonie und aus zahlreichen Studien geht hervor, dass diesem Krankheitsbild unteranderem mit verschiedenen sportlichen Trainingsmethoden entgegengewirkt werden kann.

In der letzten nachfolgenden Tab. 15 werden 2 Studien vorgestellt die die Effekte von Kraftsport auf arterielle Hypertonie erforschen.

Studie I wurde von Anna Lena Bickenbach einer 2012 angehenden Sport Doktorandin, Studie II von Stergios Vlatsas einen angehenden Allgemein Mediziner erstellt.

Die Testabläufe sind sehr unterschiedlich aber führen letztendlich zu einem ähnlichen Ergebnis.

Tab. 15: Darstellung von 2 Studien zu Effekten des Krafttrainings bei Hypertrophie

Titel der Studie	
Auswirkungen von Ausdauer-vs. Krafttraining vs. der Kombination Ausdauer-/Krafttraining auf die systemische Hämodynamik, Gefäßelastizität sowie Herzfrequenzvariabilität bei Patienten mit arterieller Hypertonie	Kardiovaskuläre Effekte eines aeroben versus eines isometrischen Trainings bei arterieller Hypertonie
Verfasser der Studie	
Anna Lena Bickenbach	Stergios Vlatsas
Quelle	
(Bickenbach, 2011, S. 22-86)	(Vlatsas, 2015, S. 31-53)
Jahr der Publikation	
2011	2015
Versuchspersonen	
55 Probanden: darunter 13 Frauen und 42 Männer. ähnlichen Alters, Body Mass Index, Körpergröße und Gewicht	70 Patienten mit bekannter arterieller Hypertonie in medikamentöser Therapie oder mit einem Blutdruck ≥140/90 mmHg ähnlichen Alters, Body Mass Indexes, gleichmäßiger Verteilung des Geschlechts,
Versuchsaufbau	
Die Teilnehmer wurden 12 Wochen im Institut für Kreislauf-forschung einer sportärztlichen, leistungsdiagnostischen Untersuchung. Nach der Eingangsuntersuchung wurde jeder Patient randomisiert in eine der vier folgenden Trainingsgruppen eingeteilt: 1) Ausdauertrainingsgruppe (ATG) 2) Krafttrainingsgruppe (KTG) 3) Ausdauer-und Krafttrainingsgruppe (AKTG) 4) Kontrollgruppe (KG Die Teilnehmer mussten ein Programm ihrer jeweiligen Gruppe absolvieren. Die Intensitäts Steigerung wurde von 50% auf 75% aller 2 Wochen um 5% gesteigert. Gruppe 1 (ATG) trainierte 30 Min. an einem Fahrradergometer Gruppe 2 (KTG) an diversen Krafttrainingsgeräten/ Freihanteln 13 Übungen mit Satz-10 Wiederholungen/ 30 Sekunden Pause Gruppe 3 (AKTG)sowohl Kraft-, als auch Kraftausdauer-training	In Gruppe I & II wurde die maximale Kraft direkt vor Beginn der zweiminütigen Übungszeit durch eine maximale Kontraktion über 5 Sekunden ermittelt. In der, prospektiven, kontrollierten Studie wurden die Versuchspersonen in 3 Gruppen randomisiert aufgeteilt, Nach ausführlicher Aufklärung wurde in folgende Gruppen aufgeteilt: Für die 1. Gruppe (isometrisches Faust Schluss Training) wurden 25 Patienten eingeschlossen. Das isometrische Training fand wie folgt statt: Über 12 Wochen erfolgte 5x/ Woche 4 Sätze mit jeweils 2-minütigen Training bezogen auf 30% der Maximalkraft (digital überprüft). In der zweiten Gruppe (Studienarm 2, Kontrollgruppe -Placebo) wurden 23 Patienten eingeschlossen, die über einen Zeitraum von 12 Wochen bei einer unveränderten medikamentösen Therapie mit einem optisch identischen Faustschlussgerät (Placebo) wie die Probanden in der ersten Gruppe trainiert haben. Die Placebo Geräte waren so eingestellt, dass es für die Faustschlusskontraktionen keine signifikante Kraft (5% der maximalen Kraft) ausgeübt werden musste In der dritten Gruppe (aerobes Training) wurden 22Patienten motiviert, entsprechend der Leitlinien, 5 Mal pro Woche 30/ 45 Minuten ein aerobes Training Ihrer Wahl zu treiben (Joggen, Walking, Radfahren, Schwimmen). Bei allen Patienten der 3 Gruppen blieb die medikamentöse Therapie während der 12-wöchigen Studienlaufzeit unverändert. Allerdings brachen 4 Probanden den Versuch ab.
Zusammenfassung der Ergebnisse	
In allen 3 Gruppen senkte sich der systolische/ diastolische Blutdruck signifikant. ATG = 2,35 % systolisch/ 3,6% diastolisch KTG = 3,44% systolisch/ 4,3% diastolisch AKTG = 4,18% systolisch/ 5,0%diastolisch	Es gab keine bis minimale Veränderungen der Gruppe I (isometrisches Faustschlusstraining) In Gruppe 2 (aerobes Training) wurde ein statistisch signifikanter Abfall des systolischen und diastolischen Blutdrucks beobachtet.
Schlussfolgerungen	
Nicht nur Ausdauertraining hat ein Einfluss auf den Blutdruck. Die Kombination aus Kraft- und Ausdauer-training erzielen sichtbare Ergebnisse auf Blutdruck-senkung. Für eingehendere Erkenntnisse müssen weitere, individuelle Studien durchgeführt werden.	Aerober Sport hat einen positiven Einfluss auf systolische und diastolische Blutdruckwerte. Ob isometrisches Training einen positiven Einfluss auf Blutdruck haben kann, konnte aufgrund der spärlichen Daten nicht festgestellt werden.

6 Literaturverzeichnis

Berger. (2008). *Trainingslehre Trainingswissenschaft Leistung Training Wettkampf.* Aachen: Meyer&Meyer.

Bickenbach, A. L. (2011). *Auswirkungen von Ausdauer-vs. Krafttraining vs. der Kombination Ausdauer-/Krafttraining auf die .* Köln.

Bompa, C. (2005). *Periodization Training for Sports.* Champaign: Human Kinetics.

Buskies, B. -B. (2000). *Fitness-Krafttraining: Die besten Übungen und Methoden für Sport und Gesundheit* (Bd. 17). Hamburg: Rowolt Taschenbuchverlag.

Eifler. (2013). *Empirische Überpprüfung der Effekte verschiedener Ansätze zur Intensitätssteuerung im fitnessorientierten Krafttraining.* Saarbrücken.

Fröhlich. (2003). *Eine empirische Studie zur Methodik des Kraftausdauertrainings.* Frankfurt am Main.

Fröhlich, S. E. (2002). Intensität und Wiederholungszahl als Steuerungsparameter im. *Zeitschrift für Physiotherapeuten*, S. 745-749.

Güllich, K. (2016). *Sport.* Berlin-Heidelberg: Springer Spectrum.

Güllich, S. (Juli/August 1999). Struktur der Kraftfähigkeiten und deren Trainingsmethoden. *Deutsche Zeitschrift für Sportmedizin*, S. 229-232.

Harre. (2008). *Trainingslehre Trainingswissenschaft - Leistung, Training, Wettkampf.* Aachen: Meyer&Meyer.

Heiduk. (19. 04 2013). *Eisenklinik-Sportwissenschaft und Praxis.* Abgerufen am 21. 09 2016 von http://blog.eisenklinik.de/2013/04/19/zirkel-und-stations-training-im-vergleich/

Hottenrott, N. (2010). *Trainingswissenschaft - Ein Lehrbuch in 14 Lektionen.* Aachen: Meyer&Meyer.

Olivier, M. B. (2008). *Grundlagen der Trainingswissenschaft.* Schorndorf: Hofmann.

Schnabel. (2008). *Trainingslehre - Trainingswissenschaft: Leistung - Training - Wettkampf* (Bd. 3. aktualisierte Auflage 2014). Aachen: Meyer&Meyer.

Vlatsas, S. (2015). *Kardiovaskuläre Effekte eines .* Berlin.

Wastl. (4. 10 2015). *http://www.uni-wuppertal.de/startseite.html.* Abgerufen am 22. September 2016 von http://www.itps.uni-wuppertal.de/fileadmin/itps/Wastl/Fit-02_Krafttraining.pdf

Zimmermann. (2002). *Gesundheitsorientiertes Muskelkrafttraining.* Schorndorf: Hofmann Schorndorf .

7 Abbildungs- und Tabellenverzeichnis

7.1 Abbildungsverzeichnis

Abb.: 1 Normwerte für Körperfettanteil und Muskelmasse (eigene Darstellung)....................3

7.2 Tabellenverzeichnis

Tab. 1: Allgemeine und biometrische Daten des Probanden 3
Tab. 2: Biometrische Daten (Ruhepuls & Blutdruck) 4
Tab. 3: Normwerte systolischer/ diastolischer Blutdruck nach WHO.......................................4
Tab. 4: Daten zur abschließenden Bewertung des allgemeinen Gesundheitszustandes 4
Tab. 5: Testverfahren nach ILB Begründung und Ablauf 5
Tab. 6: Darstellung des X-RM (ILB) Tests mit Ergebnissen 6
Tab. 7: Grobraster nach ILB 7
Tab. 8: Zielsetzung nach Inhalt, Ausmaß, Zeit..7
Tab. 9: Darstellung des Makrozyklus...8
Tab. 10: übergeordnete Trainingsmethode und deren Begründung...9
Tab. 11: Belastungsparameter und deren Begründung 10
Tab. 12: Begründung der Organisationsform und Periodisierung 11
Tab. 13: detaillierte Darstellung Mesozyklusplan I 12
Tab. 14: Übungen, beanspruchte Muskulatur und deren Nutzen...14
Tab. 15: Darstellung von 2 Studien zu Effekten des Krafttrainings bei Hypertrophie 16

BEI GRIN MACHT SICH IHR WISSEN BEZAHLT

- Wir veröffentlichen Ihre Hausarbeit, Bachelor- und Masterarbeit

- Ihr eigenes eBook und Buch - weltweit in allen wichtigen Shops

- Verdienen Sie an jedem Verkauf

Jetzt bei www.GRIN.com hochladen und kostenlos publizieren